Eu, _____ me comprometo a aplicar as informações descritas neste livro e assumo a responsabilidade sobre o sucesso de sua aplicação.

Descubra o porquê de alguns coaches venderem todos os dias e crescerem e outros sofrerem com a instabilidade das vendas, levando até mesmo à falência.

Essa é a obsessão de André Olímpio, no meio empreendedor a 10 anos possui o encargo de distinguir as pessoas felizes, saudáveis e bem-sucedidas daquelas que fracassam ou precisam se sacrificar para ter algum êxito.

O livro é dividido em 6 etapas principais que todo coach deveria saber para entrar no mercado digital, oferecer sua solução e desfrutar de todo poder da internet. A melhor ferramenta existente que proporciona extensão geográfica, extensão de tempo e também extensão financeira.

André Olímpio fornece uma poderosa filosofia de negócios que também é a melhor garantia de sucesso. Uma combinação perfeita de visão e compreensão empírica.

Revisão e edição: Katia Fernandes

Projeto gráfico e diagramação: Growx | negócios na internet

Olímpio, André

    1+1=11 [recurso impresso] / André Olímpio – Varginha – Minas Gerais – 2020 – Recurso impresso

    ISBN: 9798633698329

    1. Empreendedorismo 2. Marketing 3. Sucesso nos negócios 4. Livros Impressos

Ao meu Senhor Jesus, que me deu a direção e a sabedoria necessária para entender que todos as coisas já estão prontas e só dependia de mim.

Sumário

Prefácio

Sou André Olímpio. Sou natural de Varginha, sul de Minas Gerais, cristão e graduado – com paixão – em Marketing.

"Este guia foi elaborado por alguém que desejaria ter recebido algo similar no passado, pois assim teria poupado sua família de, no mínimo, quatro anos de dificuldades".

Em 2009, iniciei-me como designer na indústria de minha família, no setor têxtil. Ali, tornei-me líder, adquirindo, assim, vasto conhecimento sobre gestão de pessoas e logo depois nessa área que escolhi – o Marketing.

Essa trajetória proporcionou-me uma base sólida para a construção deste material, cujo objetivo é transmitir conhecimento para incrementar suas vendas usando a internet. Espero, ainda, que este guia seja apenas o início de sua busca por uma perpétua era de prosperidade. Vamos lá?

Introdução

Você também sofre com a necessidade de **atrair** clientes?

Você também medita em **como pode** oferecer seus serviços?

Você também sofre com a incerteza, levando a pensar até mesmo em **desistir do seu negócio** devido a essa questão de vendas?

Se você respondeu sim a algumas dessas perguntas, este guia é exatamente para você!

Isso acontece porque, como sabemos, a correria do dia-a-dia nos deixa tão envolvidos nos processos que mal temos tempo de parar e identificar os fatores determinantes para o sucesso do nosso negócio.

Quanto tempo você tem dedicado a entender como **vender mais e melhor?**

Quanto tempo você tem dedicado a identificar **quem compra** e **por que compra?**

Você **adquiriu muito conhecimento** na sua área de atuação, **pode já ter conquistado a confiança e fidelidade de alguns clientes**, mas não desenvolveu uma área importantíssima para se destacar e se tornar um(a) profissional/empresa requisitado(a): **o Marketing**.

Existem 5 fases que seus clientes percorrem antes de procurar por você.

Veremos cada uma detalhadamente para que **você entenda o porquê de muitos se esforçarem tanto** no aperfeiçoamento dos seus produtos e serviços **e ainda não atrair clientes**, ou **atrair clientes que não estão dispostos a pagar o preço.**

Assim como você, por muito tempo eu acreditava que era o setor, o mercado, até o tipo de solução que eu oferecia é que não colaborava, mas tenho que dizer: para sua alegria e a minha, não é isso!

Capítulo 1

Um Mindset vencedor

"Eu errei mais de 9000 arremessos na minha vida. Perdi quase 300 jogos. Em 26 ocasiões me confiaram o arremesso do jogo e errei. Eu falhei muitas vezes e muitas vezes na minha vida, e é por isso que venci." Michael Jordan – Jogador de Basquete

Propósito

Tenha fé na sua visão, pois foi ela quem o trouxe até esse ponto. Um negócio, independentemente do tamanho, é uma extensão da sua mente e não o que as pessoas falam sobre ele.

Grande parte dos profissionais que não alcançam o seu objetivo transfere o insucesso para os ombros de outros. Eu gostaria de iniciar dizendo: "Centralize em você". Se houver fracasso, o mérito é seu, mas se houver sucesso, o mérito também é todo seu.

Não adianta compartilhar uma experiência agradável, porque nem sempre foi agradável e nem sempre é, essa é a experiência de se fazer negócios no Brasil. Empreendedores têm que ter sua fé muito arraigada:

acredite no impacto dos seus projetos a médio, longo

prazo. Tenha seu propósito muito bem definido, caso

contrário, será questão de tempo para desanimar do

negócio. São apenas dois fatores que o direcionam ao seu objetivo: acreditar que VOCÊ PODE e PERSISTIR para fazer dar certo. Afinal, o trabalho duro sempre prevaleceu sobre o dom natural.

Crença:

Ressignifique suas crenças, pois são elas que determinam quem você é.

Descarte a ideia de que o seu mercado não é próspero, que a sua solução não pode ser vendida da maneira como as outras são vendidas. Pare de fortalecer os seus obstáculos e, em vez disso, estude maneiras de evoluir, pois se o sucesso fosse determinado apenas por aquilo que se vende, as agências funerárias não existiriam... Sim, a sua crença determina quem você é. Os americanos estão à nossa frente, por terem a crença de que eles podem resolver problemas e vencer os desafios com garra e persistência.

Jogo do Empreendedorismo:

Pare de viver pelo imediatismo.

As coisas mais belas são aquelas que têm planejamento. Entenda que o insucesso faz parte da escalada para alcançar o sucesso e não o oposto. Não tome as dificuldades como obstáculos, mas sim como degraus para algo maior, pois não há quem não possa alcançar o seu objetivo: há quem desista antes. O que diferencia um empreendedor mediano de um ótimo, é a resiliência e não o dom. Continue evoluindo 1% todos os dias, pois não é uma, duas ou três irrigadas que fazem com que a árvore cresça e floresça, e sim, uma sucessão de cuidados que a faz dar belos frutos. Você entende isso e as coisas começam a prosperar, pois nós somos responsáveis pelas nossas decisões. Se você decidiu por um estilo de vida empreendedor, a evolução está no sangue e não em terceiros. O modo como você reage diante da pressão que existe sobre você é que determina se está progredindo no jogo ou não.

As pessoas que moram em você:

Pare de gritar os seus sonhos para o mundo. Estabeleça mentores.

Não cometa o erro de falar sobre seus planos para 100 pessoas! Estude como seus heróis alcançaram êxito. O que possivelmente está impedindo você de alcançar o seu objetivo é dar ouvido aos outros.

Muitas pessoas não se tornam o que querem por ouvir o que os outros dizem. Entenda que todos têm algo a dizer, mas isso não quer dizer que seja o melhor para você.

Schopenhauer, filosofo alemão, disse: "O homem torna os limites de seu próprio campo de visão como os limites do mundo". Qual o campo de visão das pessoas que estão ao seu redor? Elas não possuem a mesma história que você, elas não têm a mesma garra que você. O que elas dizem e o que elas vão pensar não importa! Olhe para a frente e siga!

Ah..., mas não dá mais tempo... Independentemente do tempo que passou, ainda há tempo: corra atrás! Por você, por sua história! Corra atrás! Se ficar aí, parado, com certeza será tarde demais, pois como dizia Steve Jobs, "Ser o homem mais rico no cemitério não importa para mim... ir para a cama à noite dizendo que fizemos algo maravilhoso, isso é o que realmente importa".

Conexão e Transformação:

Quantas vendas você perdeu ontem, ou está perdendo agora...

Não foque na abertura das carteiras de seus clientes e sim no sentimento deles neste momento.

Tome os problemas deles para si e tenha certeza de que

eles se sintam como se estivessem ao seu lado da mesa e não do outro lado da rua. Enquanto você estiver focado em caçar borboletas, elas não irão pousar sobre você. Mas se você cuidar do seu jardim, elas irão até lá por saber o quão agradável é o seu ambiente. Estamos num momento no qual você pode criar um jardim com sua comunicação, para que milhares de borboletas sejam impactadas ao te visitarem. Entenda que o jogo é muito mais profundo, é o jogo da conexão, pois não é sobre o preço, mas sim sobre transformação.

Você provavelmente tem conhecimento sobre todas as áreas do seu negócio, mas eu lhe convido a desconstruir todo o conhecimento sobre processos e até mesmo sobre vendas para que você possa ter insights relevantes e esteja mil quilômetros à frente. Para que você consiga se elevar ao próximo nível, terá que identificar as fases que influenciam a decisão de compra do seu consumidor.

Em 1998, Kotler, o pai do marketing, definiu o comportamento do consumidor como a área que estuda a maneira como pessoas, grupos e organizações selecionam, compram, usam e descartam produtos, serviços, ideias ou experiências para satisfazer suas necessidades e seus desejos.

Portanto, entender o comportamento do consumidor irá colaborar para alcançar o seu objetivo.

O Mito

Por muito tempo, durante a minha trajetória de estudos, muitas pessoas disseram que eu teria que me mudar para uma capital, pois, por minha cidade ser pequena, eu não teria espaço para trabalhar o marketing. Essas pessoas não entendiam o verdadeiro objetivo do marketing, que é **ATRAIR** e **MANTER** os clientes, além de facilitar o processo de troca.

Eram essas mesmas pessoas que alimentavam o conceito que o marketing é para médias e grandes empresas, mas eu lhe digo – e isso é verdade –, o marketing é para negócios que entregam um produto ou serviço, ou seja, de todos os tamanhos e tipos! Sabendo disso, **vamos lá...**

"Se o seu concorrente foca apenas no preço e nada mais... com certeza essa é a sua chance de implementar o conteúdo desse guia e ascender no mercado".

Capítulo 2

Níveis de CONSCIÊNCIA

"Não faz sentido olhar para trás e pensar: devia ter feito isso ou aquilo, devia ter estado lá. Isso não importa. Vamos inventar o amanhã e parar de nos preocupar com o passado". Steve Jobs

Para facilitar a compreensão, iniciaremos do último estágio para o primeiro. Vamos também utilizar como exemplo a venda de um produto e de um serviço para facilitar o seu aprendizado.

Consumidora: estágio **5/5**

A fase "consumidora" é o momento onde seu cliente já está apto a realizar a compra. Guiado por uma necessidade, ele já tem em mente qual será esse produto, ou seja, uma necessidade a qual ele entende que será resolvida por meio da compra de um produto, contanto que ele receba um produto mínimo viável, é claro.

Possivelmente, é para esse cliente que você costuma vender e é esse cliente que – por não saber nada do que você vende – ao pesquisar, só considera o quesito preço.

Esse é o momento em que ele decide e vai às compras. Seu cliente sabe que precisa comprar, mas não sabe qual o melhor método, não sabe e nem se importa com suas credenciais, não conhece o melhor tipo de serviço, não sabe nada sobre você e sua empresa. Enfim, nesse exemplo, a batalha de preços vai reinar.

Exemplo: **PRODUTO**

Fernanda trabalha como gestora de RH de uma empresa e, com base em sua necessidade, precisa de um traje formal para ir trabalhar. Isso fez com que ela fosse até o shopping para comprar um vestido de uso corporativo, pois ela nunca teve contato com esse tipo de traje antes, já que é nova no cargo e queria fazer jus a essa posição. Por não entender absolutamente nada sobre trajes, a decisão é tomada apenas pelo quesito "preço".

EXEMPLO: **SERVIÇO**

Isaac possui uma grande dificuldade em confiar nas pessoas. Sua falta de confiança faz todos os seus relacionamentos acabarem. Com base em sua necessidade, procura um profissional para ajudá-lo. Com isso, ele navegou na internet e procurou um psicólogo, pois ele nunca teve contato com esse profissional antes, e por ele nunca ter conhecido nada sobre psicologia, a decisão é tomada apenas pelo quesito "preço".

Conhecimento do Profissional: estágio **4/5**

Essa é a fase em que, por ainda não entender o suficiente do produto, quer saber apenas do preço. O consumidor deduz se é bom ou ruim através de pontos subjetivos: se mostrou um mínimo conhecimento sobre o meu problema e tem o preço mais baixo, então é bom. Nessa fase, muitos clientes possuem conhecimento do profissional/empresa pela indicação de alguém que já adquiriu seu produto/serviço.

Mas, seguindo em frente, muitas vezes os consumidores realizam o levantamento da lista de preços de cada concorrente e apresenta a você ou a um outro profissional que lhe foi indicado, ou seja, mais próximo, com o qual possui um pouco mais de afinidade, a fim de que esse profissional cubra os preços.

Isso vem acontecendo com muita frequência e faz com que muitos profissionais e empresas desistam por entender que não vale a pena. Outros profissionais adaptam os seus preços aos preços dos concorrentes, mas se questionam o porquê de terem se preparado tanto ou terem uma estrutura maior, sendo que as pessoas só estão à procura dos preços mais baixos.

EXEMPLO: **PRODUTO**

Luiza, colega de trabalho da Fernanda, é cliente de uma designer de moda. Fernanda sempre observa que Luiza usa roupas formais e bem elaboradas e, por ter uma necessidade, pede ajuda à Luiza, que indica nossa designer como profissional de moda. Fernanda não sabe nada sobre nossa designer ou o que ela faz, mas ela sabe sobre a Luiza. Fernanda não entende nada sobre durabilidade, tecido, qualidade, etc. EXEMPLO

EXEMPLO: **SERVIÇO**

Há algum tempo, Isaac foi impactado por um anúncio de consultório psicológico; ele também recebeu a indicação de uma amiga e isso fez com que tivesse conhecimento de algumas das possíveis pontes para resolver o seu problema. Com base em sua necessidade, ele entra em contato com vários psicólogos para saber sobre os preços. Aqui, mesmo através da indicação de uma amiga ou de ter sido impactado pelo anúncio com a foto do profissional não foi o suficiente para a decisão de Isaac, pois ele apenas obteve conhecimento da empresa/profissional. Assim, a decisão mais uma vez foi tomada pelo quesito "preço".

Você provavelmente conhece, vive ou viveu durante muito tempo trabalhando só nessas duas fases, não é?! Nós também! Mas isso não é errado! Essas são as etapas finais, onde seu cliente está decidindo a compra e não o início, mas pasmem, falaremos sobre o início de tudo a seguir. Temos mais 3 fases restantes e **agora eu lhe apresento o desconhecido**...

Conhecimento da Solução: estágio **3/5**

Essa fase é sobre "a entrega". Você pode estar pensando, nesse exemplo a entrega é de "xales e vestidos ou de consultas psicológicas". Mas aqui está a grande virada. O seu produto é a solução para o problema de alguém. Não são apenas médicos e advogados que solucionam problemas. Então, pense em seu produto/serviço por um momento. Qual solução seu produto entrega? Pois isso é fundamental para você avançar para as etapas 2 e 1.

Um autor e profissional de marketing chamado Al Ries, disse: "O marketing não é uma batalha de produtos, é uma batalha de percepções". Ou seja, aqui está a importância de você identificar o significado profundo do seu produto.

Quando você começa a entrar mais profundamente no significado do seu produto, o jogo começa a mudar.

Reforçando, o nosso exemplo vestido pode ser usado como várias soluções para esse nosso público, dentre elas, sentir-se superior/vencedora, ser reconhecida socialmente/popularidade ou também se sentir mais atraente para o sexo oposto. Já as consultas psicológicas são a solução para adquirir paz interior, sentir-se bem consigo mesmo, ter contato social e convivência saudável.

Mas, André, como eu descubro o que eu vendo? Falaremos sobre isso mais detalhadamente no capítulo 3 **"Encontrando o significado"**.

Nessa fase, o importante é você conscientizá-lo de como será após adquirir sua solução e alcançar o seu objetivo: os primeiros reflexos imediatos, como será após algum tempo e como será no seu futuro.

1. Os primeiros reflexos (positivos) ao adquirir sua solução
2. Como será após 1 ano ao adquirir a sua solução
3. Como será a vida de seu cliente no futuro

EXEMPLO: **PRODUTO**

Você pode ter pensado que, dependendo do vestido, entrega "ir a um evento". Mas convido você a ir mais fundo, pois vesti-lo num evento ou no trabalho é algo superficial e não é sobre isso. A solução que o vestido entrega é "aprovação social", ou seja, "ser aprovada por um determinado grupo". No caso de Fernanda, é ser reconhecida como uma verdadeira gestora, pois as pessoas ao redor dela usam trajes que representam essa função de administradores.

EXEMPLO: **SERVIÇO**

Em uma análise superficial, a solução que nossas consultas entregam, é "relacionamento saudável". Mas, ao olhar mais profundamente, é a solução para conhecer sua história de vida, sua personalidade, suas forças, fraquezas. Com isso, influenciando na forma que ele se relaciona com as pessoas, permitindo que ele tenha uma visão clara do funcionamento e de como reage em cada situação da sua vida, através do autoconhecimento. Wayne dyem, disse: "Quando mudamos a forma de ver as coisas, elas mudam de forma".

Qualidade é diferencial?

Diferencial é aquilo que apenas a sua empresa tem e trabalha para manter.

Você deve estar pensando: "Mas eu trabalho fielmente para manter a qualidade do produto entregue". Entenda que isso é o mínimo para se manter no mercado! Lembre-se que todos os seus concorrentes dizem ter qualidade, mesmo que talvez não tenham.

Há muitos empreendedores dizendo que seu diferencial é a qualidade. Deixa eu te dizer: qualidade não é diferencial, é um processo. Se você insiste em dizer isso, você ainda não descobriu sobre o que verdadeiramente trata o seu negócio.

O diferencial é algo que, dentro do seu segmento, ninguém ainda oferece. Vamos falar, por exemplo, sobre o posicionamento – poder/influência para a nossa designer de moda. Se na sua cidade ou estado as suas concorrentes não entregam um sentimento de poder associado às roupas corporativas, ou seja, através do uso de uma comunicação eficiente, das cores e formas para proporcionar um sentimento de poder. Se ela passa a fazer isso muito bem, ela ascende no mercado, pois o seu diferencial passa a ser poder/influência através do sentimento de status. Suas clientes passam a perceber os seus produtos como sinônimo

Conhecimento do Problema: estágio **2/5**

Agora podemos falar sobre esta fase: o problema pelo qual os seus clientes adquirem seu produto/serviço. Entenda que há sempre um problema a ser solucionado. O seu negócio existe para resolver problemas, pois sem problemas ele provavelmente não existiria. Nessa fase, seu cliente provavelmente sabe que tem um problema (ou imagina). Muita das vezes ele lhe procura em decorrência dos reflexos (sintomas) do problema: No caso desse guia, o problema não é são as baixas vendas: as baixas vendas são o reflexo do desconhecimento da jornada que seu cliente percorre até a compra.

Isso é tão importante, que através desse conhecimento você impactará um mundo de pessoas lá fora que ainda não sabem que o seu produto pode suprir essas necessidades; elas sofrem apenas com os reflexos do problema. Ou seja, no nosso exemplo de produto: medo da desaprovação por sensação de inferioridade. Em nosso outro exemplo, o de serviços, necessidade de inferiorizar as outras pessoas para se sentir superior.

Nessa fase, o importante é você conscientizar o seu futuro cliente do problema real dele, pois ele acredita que aquele reflexo (sintoma) é o problema, sendo assim, nessa fase você apresenta:

1. Os demais reflexos (sintomas) reações e comportamentos
2. O que irá acontecer com ele em 1 ano se não resolver
3. O que irá acontecer com ele no futuro se não resolver

EXEMPLO: **PRODUTO**

Neste exemplo sobre vestido, o motivo pelo qual nossa gestora irá adquirir o produto é pela necessidade de alcançar o reconhecimento por seu novo status, através da utilização do produto. Nossa designer irá ajudá-la a alcançar o que ela deseja, ser mais influente no seu meio, sim, através do sentimento ao usar o vestido! Ou você acredita que a PRADA entrega seus vestidos pelo preço de R$ 6.000,00 pelo tipo de tecido usado?

EXEMPLO: **SERVIÇO**

O motivo pela qual Isaac irá adquirir uma consulta é a dificuldade em acreditar e confiar nas pessoas. Sua dificuldade em ter um relacionamento saudável, através das consultas oferecidas por nosso psicólogo, Isaac alcançará o que deseja: resolver sua dificuldade em relacionar-se.

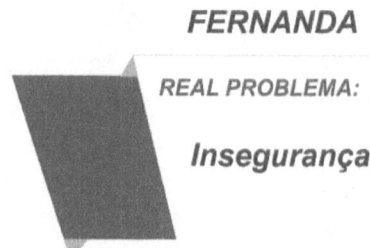

PRODUTO

REFLEXOS (SINTOMAS):
Medo de ser rejeitada, ou desaprovada.
Medo de arriscar, sempre perdendo oportunidades.

FERNANDA

REAL PROBLEMA:

Insegurança

SERVIÇO

REFLEXOS (SINTOMAS):

Necessidade de inferiorizar as outras pessoas para se sentir superior

Crença que a outra pessoa é incapaz de realizar a tarefa

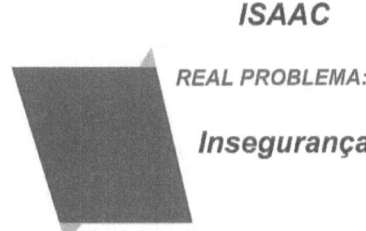

ISAAC

REAL PROBLEMA:

Insegurança

NOSSO CASO

REFLEXOS (SINTOMAS):

Instabilidade nas vendas

Barganha pelo cliente

REAL PROBLEMA:

Desconhecimento de marketing e vendas

Agora temos a completa consciência que as empresas existem para resolver problemas através de seus produtos. Sabemos também das diferentes soluções que os seus produtos podem proporcionar e como a sua solução é procurada.

Nessa fase, seu cliente desconhece que tem qualquer problema. Qual é a forma correta de atrai-lo para conscientizá-lo? Usando os sintomas deste problema, o reflexo que ele causa! Seu cliente entende sintomas como problema, pois é a única coisa que ele sente ou vê no momento, por isso foi tão importante começarmos da 5ª etapa para a 1ª.

"O preço de não entender o que você vende, é vender apenas para quem também não sabe o que está comprando".

Este é o momento em que você inicia a construção de valor do seu produto: como ele nem sabe que tem um problema, você deve atraí-lo com abordagens como essa:

EXEMPLO: **PRODUTO**

"Os erros mais comuns cometidos por mulheres no meio corporativo". Usando essa abordagem, podemos conscientizá-las sobre o problema através de uma comunicação sobre o posicionamento, nesse caso de: poder/influência das mulheres no ambiente corporativo e, com isso, conduzi-la ao nosso produto "Vestido". Essa é a fase onde tudo começa!! Ficará mais claro nos capítulos seguintes.

Nesse nosso exemplo, entendendo profundamente o derredor de nosso produto, sabemos que a cliente tem necessidade de propagar uma imagem de poder e influência. Ela nunca soube que um vestido poderia ajuda-la. Talvez você também não soubesse até esse momento. Então, identifique o que você realmente vende.

EXEMPLO: **SERVIÇO**

"Desconfiança: o fator que prejudica homens a alcançarem a prosperidade". Com essa abordagem, você atrai pelo reflexo do problema que ele está passando no momento, os malefícios de não resolver o problema e com isso conduzi-los à solução, ou seja, ao serviço "Consulta".

Seguindo nosso exemplo "da falta de confiança", nesse ponto muito provavelmente o paciente tem a necessidade de inferiorizar as outras pessoas para se sentir superior, pois a insegurança faz com que ele sempre se coloque acima. Ele nunca soube que isso era um sintoma de um problema, nem que uma consulta poderia ajudá-lo a viver melhor. Talvez você também não soubesse até esse momento. Então, identifique o que você vende para conscientizá-lo.

O Meio e o Fim!

Como alguém pode valorizar algo que você vende se desconhece o significado profundo da sua solução. Mas, atenção: nunca se tratou de produtos, ou seja, nunca se tratou de vestidos e consultas e sim do que o seu produto/serviço proporciona ao seu cliente. O produto é apenas o meio para seu cliente alcançar o objetivo e não o fim. O meio é o produto/serviço que você oferece, ou seja, o vestido irá trazer uma "sensação de poder e aceitação", a consulta irá trazer um maior "nível de consciência sobre suas reações e comportamentos". A finalidade do produto é "ser aceita pelo novo grupo" e o finalidade do serviço é "ter relacionamentos duráveis, livre da desconfiança".

Tudo bem, André, mas e agora? Entendi que eu tenho que saber qual é o papel do meu produto para que os clientes alcancem o seu objetivo. Isso mesmo, mas não é só isso...

Você descobre o significado profundo do seu produto para se comunicar com os clientes que ainda não sabem que precisam do seu produto/serviço, que no nosso exemplo de produto (vestidos), são mulheres que necessitam: ter mais influência, manter ou aumentar o seu status buscando o reconhecimento. No nosso exemplo de serviços (consultas), são homens que são controladores por ter um nível de insegurança fora do normal, de tal forma que impactam a convivência saudável de seus relacionamentos.

O seu papel é conscientizar esses possíveis clientes que através do meio (produto/serviço) que você oferece, eles podem alcançar o fim (objetivo).

Exemplo:

Uma mulher se sente incomodada e insiste que precisa emagrecer. Ela despertou para um problema e procurou por uma solução. Dentre as diferentes e variadas formas de emagrecer, ela optou pela "academia", mas ela não está comprando a academia e sim o emagrecimento, ou seja, comprando o FIM e não o MEIO! André, eu discordo!

Ok, vamos lá... Nesse mesmo exemplo da academia, se ela tivesse comprado o **MEIO**, iria acordar e pensar "vou correr na esteira, pois eu amo correr até me arrebentar toda"! Mas não é assim! Ela comprou o fim: "eu vou à academia pois, em 6 meses vou estar com x quilos a menos". **O segredo para suas vendas está no FIM e não no MEIO.**

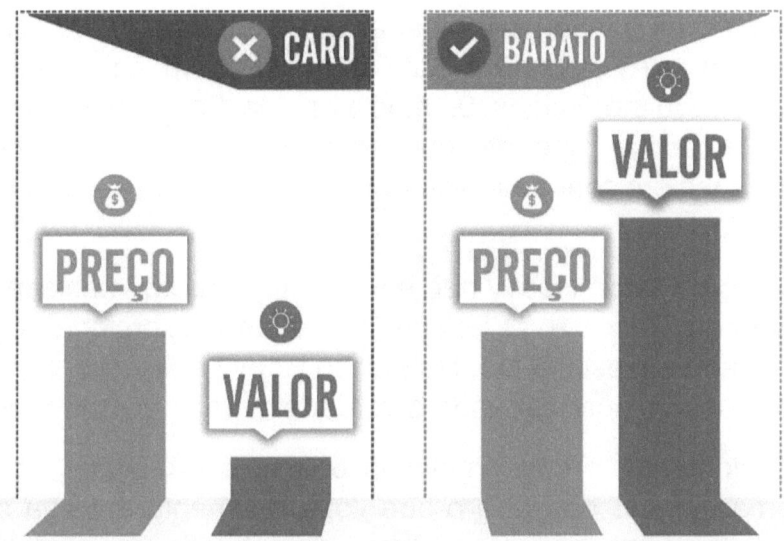

Trabalhar esses dois fatores muito bem irá determinar o rumo do seu negócio. O preço é percebido como alto quando a construção de valor não ultrapassou o preço.

Na próxima página, uma imagem para facilitar o seu entendimento sobre o aprendizado. Seu negócio é atualmente representado por qual foguete?

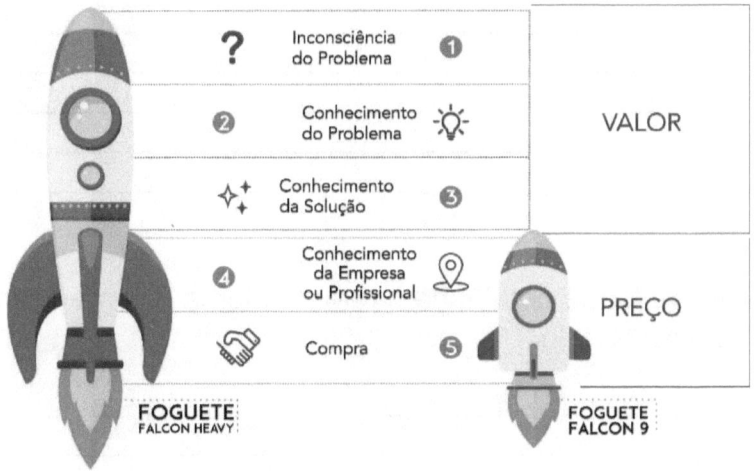

A ilustração foi criada para mostrar que a maioria das empresas voa apenas no Falcon 9 e tudo bem... Por 10 anos, a nossa empresa voou no Falcon 9, mas voar de Falcon 9 não exige estratégia, exige apenas conhecimento superficial sobre o produto, mas em consequência trabalha apenas no quesito Preço e não Valor.

Saiba que o Falcon Heavy não é um outro foguete, mas sim uma extensão do Falcon 9. O Falcon Heavy lhe proporciona solidez, lucratividade e crescimento. No Falcon Heavy o seu cliente chega na fase consumidora sabendo o verdadeiro valor do seu produto.

Nesse momento, o consumidor já obteve informações sobre o problema que ele possui e o que você realmente entrega como solução e também, o melhor produto/serviço para sua necessidade. Isso faz com que você saiba do problema do seu cliente melhor do que ele mesmo: a situação atual, como ficará em breve e como ficará futuramente.

Inconsciência

Liste os reflexos que o problema causa! Pois esse será o seu ponto de contato com seu cliente.

_____
_____
_____
_____
_____

Problema

Descrever de forma detalhada o real problema e como ficará se o cliente não resolve-lo.

_____
_____

_____

_____

_____

Solução

Descrever de forma detalhada a solução para o problema. Como será a vida após a solução desse problema.

_____

_____

_____

_____

_____

Empresa/Profissional

Qual o seu diferencial e quais suas credenciais? Por que ele deveria comprar de você e não outra empresa?

_____

_____

_____

_____

_____

Consumidor

Características e Benefícios do produto/serviço. Fechamento!

_____

_____

_____

_____

_____

Capítulo 3

Encontrando o SIGNIFICADO

"100% dos clientes são pessoas. 100% dos funcionários são pessoas. Se você não entende de pessoas, você não entende de negócios". Simon Sinek

Como se descobre o significado dos nossos produtos?

Através da "pesquisa de marketing". No marketing existe um tipo de pesquisa denominada pesquisa qualitativa. Nesse tipo de pesquisa utilizamos uma técnica de coleta de dados denominada "entrevista em profundidade". Através dela identificaremos o verdadeiro significado do nosso produto.

Através de uma entrevista desestruturada com um de nossos clientes, ou seja, uma sequência de perguntas livres, porém com um objetivo claro, descobre-se o significado do seu produto. Então, há uma importância grandiosa em se conversar com seus clientes! Com certeza você já tem clientes que já são fiéis ao seu produto/serviço, então, conversando com eles você entenderá melhor sobre a finalidade dele, ou até o diferencial percebido por eles!

Nada melhor do que uma conversa com quem usa o produto para você entender qual é o "problema" que seu produto está resolvendo. Muitas vezes, pensamos que nossos produtos tem um significado X e, na verdade, na mente do consumidor, é percebido como Y. É através dessas conversas que você passa a identificar atributos importantes sobre seu produto, levantar ideias para campanhas publicitárias por meio das percepções, preferências e comportamentos.

Quando você entende qual é a motivação de seus clientes em torno de seus produtos, você deve estudar formas de ajudá-los a alcançar esse objetivo.

Sabendo que eles utilizam o produto para aceitação social, você começa a entrar mais fundo. E então, você percebe que esses clientes querem aprovação. Esses clientes anseiam por pertencimento... sabendo disso, você passa a comunicar a aceitação, passa a se vestir da forma como eles se vestem e eles passam a entender você e o seu produto.

No exemplo de nosso produto, o vestido ajuda as clientes a se sentirem assim. É importantíssimo entender quais elementos são importantes para ampliar essa percepção. E, pesquisando, você passa a entender que através da postura é possível amplificar a aceitação. Nesse nosso exemplo, seria essencial nossa designer estudar mais sobre como se portar, pois, pela comunicação do seu produto ela poderia iniciar uma nova onda feminina para alcançar o pertencimento e a influência no meio corporativo.

*Claro que eu usei apenas um exemplo do que se pode conseguir com uma pesquisa de marketing simples.

Todo esse conhecimento foi adquirido através de uma conversa a respeito do problema que o seu produto resolve. Logo, você entende que o que você entrega é "pertencimento", reconhecimento perante os outros. Após essa conversa foi identificado que o poder está não só no "vestir-se", mas também, na postura. E isso será materializado no produto – o vestido.

Perceba que não estamos falando sobre características do produto, pois o poder está no FIM e não no MEIO. Mais uma vez, quando você for comunicar sobre o seu produto/serviço, você comunicará o FIM e não o MEIO. Por esse motivo é tão importante, através da pesquisa, entender o que "se vende". O verdadeiro resultado que o seu produto entrega.

Capítulo 4

Conduzindo pelo FUNIL de Vendas

"Não se deixe vencer pelos obstáculos; você pode estar prestes a abrir a porta certa e nunca saberá se não continuar tentando".
Joseph Campbell

Uma ferramenta de gestão para ajudar você a conduzir seus clientes até a etapa de Compra.

Observe a figura abaixo: Um funil sobre um vestido com o posicionamento de 'Aprovação social e Pertencimento'.

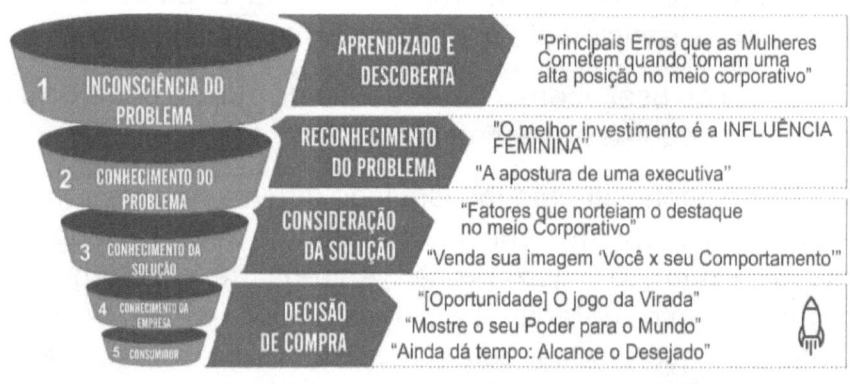

Não é sobre produtos, mas sobre pessoas!

Essa ilustração mostra como seus suspects (seu público alvo, ao qual você direciona as primeiras ações) e prospects (aquele que já interage com a empresa ou marca, seguindo um processo de afunilamento em direção à compra; estes já passaram pela fase de "suspects") devem se mover até a decisão de compra.

Importante observar que se afunila, pois não são todos que adquirem o seu produto, então, é natural que você perca pessoas ao longo da jornada. Mas, quando você observa quem compra, nesse nosso exemplo de produtos: **(executivas)** e o que você entrega **(pertencimento)**, você insere mais pessoas na fase 1 (Topo do funil) onde você passa a conscientizar as pessoas do problema. É onde tudo começa.

Você, microempreendedor, profissional liberal ou autônomo, tem diferentes produtos/serviços para atender diferentes tipos de problemas.

Então, você deve conhecer o significado do que está vendendo e ter vários funis como esse sobre soluções diferentes e também para as mesmas soluções, como na figura, para guiá-los e ter controle sobre esse ecossistema.

Como eu faço para inserir pessoas no topo do funil e me comunicar com elas?

Capítulo 5

Comunicando para o MUNDO

"Sorte é o que acontece quando a preparação encontra a oportunidade". (Elmer Letterman)

Depois de todo o entendimento sobre os estágios do consumidor, da identificação do problema que cada item do seu mix de produtos soluciona, você realizou a construção dos diferentes funis sobre os produtos que sua empresa oferece.

Agora, você vai atrair e se comunicar com essas pessoas, mas, através de qual ferramenta?

Vai depender do meio pelo qual a comunicação se torna mais eficiente. Pode ser tanto WhatsApp tanto quanto por e-mails.

André, e-mails não vão fazer com que eu alcance o meu objetivo!

Nós estamos nos comunicando por onde? E-mails! Você acha que nesse nosso exemplo de produto "vestido" o público utiliza que tipo de ferramentas para se comunicar dentro da empresa? E-mails! Mas, com certeza, para uma comunicação individualizada, o WhatsApp é ideal. Utilizamos o WhatsApp para nos comunicarmos com aqueles que já estão na etapa "Decisão de compra", tirando as principais dúvidas para aquisição do produto e também para fazer ofertas de nossos produtos. Antes, entra o e-mail. É por onde você encaminha o seu prospect para a decisão de compra. **Não pule etapas!**

Muitos trabalham ou já trabalharam apenas no estágio "decisão de compra", ou seja, enviando ofertas o tempo todo. Não faça isso! Ninguém gosta de receber ofertas sobre um produto que não entende para que serve e ainda, sem consentimento.

PS: O envio de e-mails e de WhatsApp não é manual. Você realiza a contratação de uma plataforma de envios de e-mails marketing para te auxiliar, pois seria impossível enviar 1000 mensagens diárias. Você ficaria apenas enviando mensagens e não é esse o objetivo.

André, não quero utilizar e-mails!

Tem uma solução onde você pode utilizar esse mesmo funil construído? Sim! Uma alternativa é escrever artigos em seu blog. Use todos aqueles títulos mencionados de acordo com cada etapa do funil e, com isso, atraia pessoas para realizar a leitura do primeiro artigo.

Através de um "Tracking" (uma ferramenta que permite avaliar os comportamentos dos visitantes de um website) você consegue identificar as pessoas que leram o artigo 1 e você pode anunciar para as pessoas lerem o artigo 2. Você conduz essas pessoas pelo funil da mesma forma, mas agora, através de anúncios para conscientizá-las sobre seu produto, até chegar nos artigos de decisão de compra, que é onde você irá vender, ou seja, o momento de você oferecer o seu produto.

Como atrair a pessoa certa para se comunicar?

André, não sei por onde começar para atrair essas pessoas!

Você realizou a pesquisa e identificou que a Fernanda – aquela gestora de RH – gosta muito de ler Chiavenato e, mais tarde, pela internet, você descobriu que Chiavenato é um escritor e autor brasileiro na área de administração de empresa e recursos humanos.

Tudo bem, André, mas e daí?

É assim que você atrai as pessoas: através de seus interesses!

Se na pesquisa você identificou que a Fernanda, que é gestora de RH, acompanha Chiavenato e compra os seus produtos, muitas outras gestoras possuem hábitos semelhantes, muitas delas também acompanham Chiavenato.

Com base nessa informação, você anuncia nas redes sociais para o público que tem interesse em Chiavenato. Com isso, você consegue atrair um público que, provavelmente, terá interesse no seu produto em algum momento da vida. Às vezes, nesse momento, algumas são apenas estudantes, mas em breve trabalharão em uma empresa e precisarão de uma marca que as faça sentir pertencentes a esse novo grupo. E é a nossa designer quem vai estar se comunicando com elas.

Em outros casos, assim como a Fernanda, haverá várias outras nesse momento atuando em empresas com esses mesmos desejos. Conhecendo os interesses e comportamentos de seus clientes, você tem a possibilidade de alcançar vários com o mesmo perfil para, posteriormente, oferecer o seu produto.

Capítulo 6

Os ingredientes de uma VENDA

Para aumentar suas vendas, você tem que dominar um desses três ingredientes ou, se possível, os três.

"Loucura é querer resultados diferentes fazendo tudo exatamente igual!". (Albert Einstein)

1. TRÁFEGO

É o volume de pessoas em um determinado local.

Onde as pessoas vão frequentemente há tráfego, independente se o ambiente é digital ou físico. Onde possui muito tráfego? Na internet temos tráfego em: redes sociais, sites de notícias, entre outros. Você consegue atrair essas pessoas através de anúncios com o objetivo de ajudá-las. Por esse motivo, você deve conhecer o problema que o seu produto soluciona. Ou seja, anuncie pelos interesses, mas atraia pelos reflexos que citamos na "Inconsciência do problema". Assim, você o conscientiza sobre o problema e sobre quem pode ajudá-lo (nesse caso, sua empresa!). Assim como você chegou nesse conteúdo, através de uma informação que lhe ajudava!

2. RELACIONAMENTO

Após ajudá-lo por meio de uma informação valiosa, agora você pode se comunicar com ele frequentemente, pois você entende do problema e sabe como ajudá-lo. Atenção: ajude-os explicando melhor o problema e a solução que o seu produto resolve, falando sobre como o seu produto pode ajudá-lo a alcançar o seu objetivo. E entenda que "consumidor que conhece, é consumidor que efetua a compra". Portanto, informe o seu Consumidor sobre como o seu produto pode ajudá-lo. No nosso exemplo de vestidos como aprovação social e pertencimento: mostraríamos através de conteúdos que falassem sobre como se portar para obter aprovação, a importância da vestimenta para esse fim. Também falaríamos sobre aquelas dúvidas que todos os clientes costumam ter entre a transição de uma etapa de um conteúdo de funil para o outro. Esse tipo de comunicação é eficiente, pois faz com que o consumidor seja informado sobre o significado profundo do seu produto, ou seja, o FIM. Não de forma superficial, falando apenas sobre características e benefícios, ou seja, o MEIO.

Assim, após se relacionar informando sobre o que significa o seu produto ou marca, ou seja, o que o seu produto ajuda a solucionar, você pode avançar para a próxima etapa.

3. OFERTA

Agora chegou a hora de oferecer o seu produto! E nada mais agradável que oferecer o seu produto depois de ter explicado para todos os seus contatos por meio da sequência do funil, o que você entrega. Após todas as dúvidas serem tiradas através da comunicação, você construiu o valor do seu produto e, quando chega o momento de fazer a oferta, o número de pessoas interessadas no seu produto e na sua empresa é maior! Porque você não está vendendo o produto vestido (tecido XPTO), você agora entrega: importância, estima, aceitação!

E agora elas também sabem qual o seu diferencial e os outros benefícios que seu produto traz consigo! Como mencionado anteriormente, algumas não estarão prontas para comprar, mas você irá continuar se comunicando com aquelas que não compraram, pois estas ainda não estão prontas para adquirir o seu produto, mas as que estiverem entrarão em contato para realizar a compra. A oferta pode ser direcionada pelo e-mail/ WhatsApp/ artigo, assim como no funil ilustrado anteriormente.

Construa sua Audiência

De nada adianta você ser o profissional mais habilidoso se você não tiver um grupo de pessoas com o problema que você consegue resolver. E com a internet ficou bem mais fácil encontrar essas pessoas. Você precisa apenas trabalhar as estratégias antes, assim como visto anteriormente. Pessoas terão você como referência dentro do mercado. Essas pessoas que escutarão serão sua audiência.

Finalizando...

Status quo

Eu sei que não é uma tarefa fácil dar alguns passos atrás e enxergar o seu negócio pela ótica do cliente, ressignificar a visão de empreendedora. Mas, tenho que te dizer que existem coisas que exigem um esforço grandioso, mas não dão resultado. E existem coisas que exigem um esforço grandioso, mas fazem com que alcancemos resultados expressivos... escolha a segunda.